仏教の流伝

―インドから日本へ―

はじめに

前回は、入門シリーズ①として『釈尊の生涯と法華経』を出版しました。
シリーズ第二弾は、インドの釈尊の教えが、中国、日本へと伝えられた「仏教の流伝《るでん》」について、『日蓮正宗入門』を基《もと》にまとめました。
釈尊入滅後、正法《しょうぼう》千年・像法《ぞうぼう》千年を経て末法《まっぽう》時代に入ると、釈尊の仏法は力を失い、人心の悪化と世相の混乱によって、争いが絶《た》えない末世《まっせ》法滅《ほうめつ》の時代となります。

このような時代に御本仏日蓮大聖人は出現され、人々を惑わす邪宗教を破折し、衆生を根本から救う南無妙法蓮華経を弘められたのです。

私達は人々に、南無妙法蓮華経こそが唯一の正法であり、日本の諸宗はもちろん、そのほかのどんな教えによっても救われることはないと伝え、いよいよ自行化他《じぎょうけた》の仏道修行に励んでいきましょう。

令和二年九月十二日

大日蓮出版

目次

略　称

御　　書ー平成新編日蓮大聖人御書（大石寺版）
法 華 経ー新編妙法蓮華経並開結（大石寺版）
文句会本ー訓読法華文句記会本（富士学林版）
伝　　全ー伝教大師全集

1 仏教の流伝（三時の弘教）

釈尊は、自らの入滅後における教法流布《るふ》の「時」を大別し、正法《しょうぼう》・像法《ぞうぼう》・末法《まっぽう》という三つの時代があることを説かれました。

この三つの時代（三時）のそれぞれの期間については、経典などによって種々の説があります。

日蓮大聖人は『撰時抄』に、

「大集経《だいしっきょう》に大覚世尊《だいがくせそん》、月蔵《がつぞう》菩薩に対して未来の時を定め給《たま》えり。所謂《いわゆる》我が滅度の後《のち》の五百歳の中には解脱堅固《げだつけんご》、次の五百年に

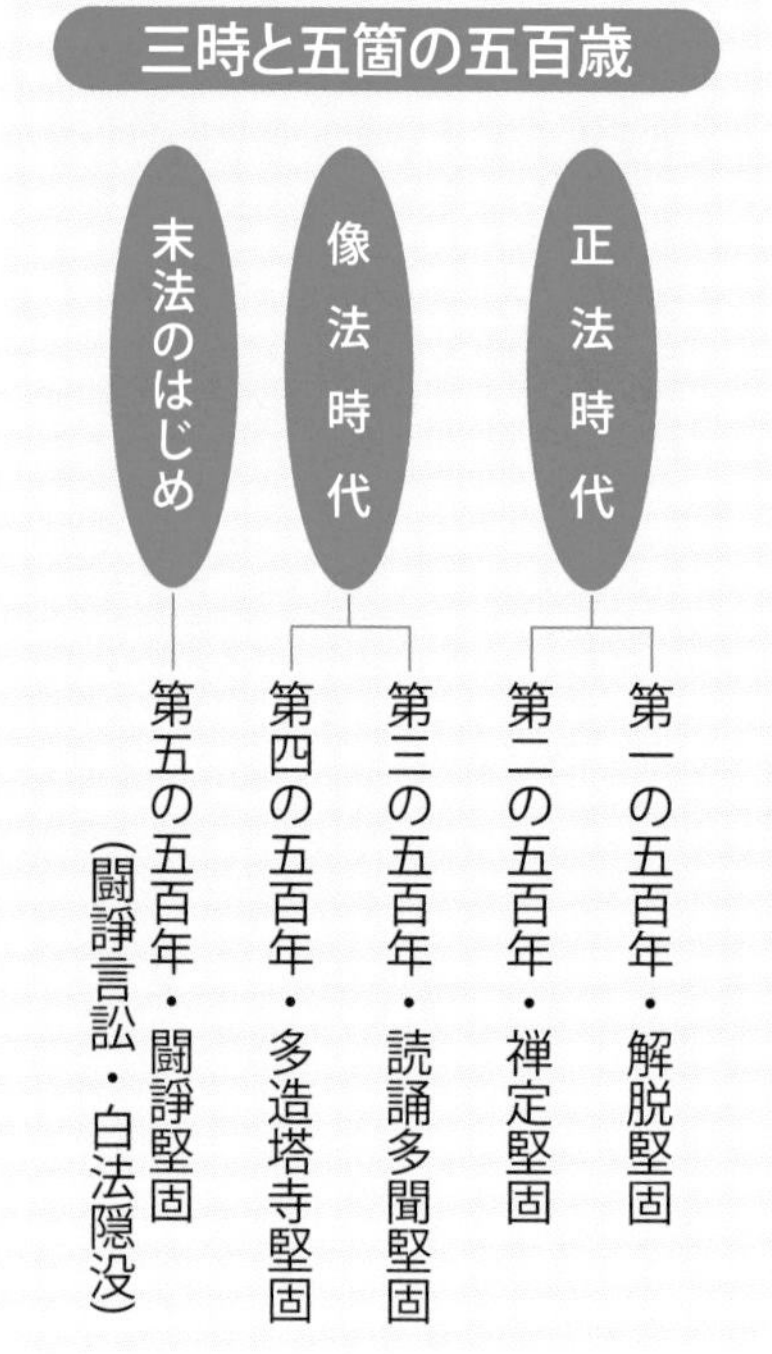

は禅定堅固《ぜんじょう》、次の五百年には読誦多聞堅固《どくじゅたもん》、次の五百年には多造塔寺《たぞうとうじ》堅固、次の五百年には我が法の中に於《おい》て闘諍言訟《とうじょうごんしょう》して白法隠没《びゃくほうおんもつ》せん」

（御書八三六）

と説かれています。

正法時代

正法《しょうぼう》時代とは、釈尊入滅後の第一の五百年の解脱堅固《げだつけんご》と、第二の五百年の禅定《ぜんじょう》堅固を合わせた一千年間を言います。堅固とは、堅く確定している状態、仏の予言が確かで疑いないことを意味します。

第一の解脱堅固の時代は、衆生《しゅじょう》の根性《こんじょう》が素直であったことから、釈尊の法が正しく伝えられ、その仏の智慧《ちえ》を得て悟《さと》りを開くための仏道修行が行われました。

第二の禅定堅固の時代は、衆生が大乗を修し、心を静めて思惟《しゆい》の行に専念し（三昧《さんまい》）、悟りを得ようとする仏道修行が用《もち》いられました。

この正法時代は、釈尊の教《きょう》（教法）・行《ぎょう》（修行）・証《しょう》（悟り）が正しく具《そな》わっており、仏道を求める衆生も過去に善根を積んだ機根であったため、釈尊の教法によって証果を得ることができました。

正法時代の仏教の伝播《でんぱ》は、釈尊の入滅直後より約百年の間、弟子の迦《か》葉《しょう》・阿難《あなん》等によって主《おも》に小乗教が弘められ、次に、小乗教を面《おもて》にしてわずかに大乗教が弘まり、さらにその後、馬鳴《めみょう》・竜樹《りゅうじゅ》・世親《せしん》（天親《てんじん》）等によって、小乗教が破折《はしゃく》されて大乗教が宣揚《せんよう》されるなど、釈尊から伝持・弘教《ぐきょう》の付嘱《ふぞく》を受けた「付法蔵《ふほうぞう》の二十四人」が中心となっていました。

またこの時代には、阿闍世《あじゃせ》王・阿育《あいく》王・迦膩色迦《かにしか》王等の外護《げご》によって仏典の結集《けつじゅう》が行われ、仏法はインド全体に広く流伝《るでん》していきました。

〈付法蔵の二十四人〉

釈尊滅後、法の付嘱《ふぞく》を受けて法灯《ほうとう》を継承《けいしょう》した人々

◀①摩訶迦葉（まかかしょう）
◀②阿難（あなん）
◀③末田地（までんち）
◀④商那和修（しょうなわしゅ）
◀⑤優波鞠多（うばきくた）
◀⑥提多迦（だいたか）
◀⑦弥遮迦（みしゃか）
◀⑧仏陀難提（ぶっだなんだい）
◀⑨仏陀密多（ぶっだみった）
◀⑩脇比丘（きょうびく）
◀⑪富那奢（ふなしゃ）
◀⑫馬鳴（めみょう）
◀⑬迦毘摩羅（かびまら）
◀⑭竜樹（りゅうじゅ）
◀⑮迦那提婆（かなだいば）
◀⑯羅睺羅（らごら）
◀⑰僧伽難提（そうぎゃなんだい）
◀⑱僧伽耶舎（そうぎゃやしゃ）
◀⑲鳩摩羅駄（くまらだ）
◀⑳闍夜多（じゃやた）
◀㉑婆修槃陀（ばしゅばんだ）
◀㉒摩奴羅（まぬら）
◀㉓鶴勒那（かくろくな）
◀㉔師子（しし）

像法時代

像法《ぞうぼう》時代とは、前の正法《しょうぼう》時代の一千年を経た第三の五百年の読誦多聞堅《どくじゅたもんけん》固《ご》と、第四の五百年の多造塔寺堅固《たぞうとうじ》を合わせた一千年間を言います。

この頃になると、仏の入滅より一千年以上の時が経過していたため、仏法を悪用する似非《えせ》仏法者が多く現れ、仏法本来の姿が失われるようになり、その結果、小乗教によって大乗教が破られたり、権《ごん》大乗教により実大乗教が廃されるというように、仏法は次第に混乱していきました。

この時代は、仏法の教えや修行がわずかに残っていたとは言え、証果《しょうか》は得られず、形だけが正法に像《に》た時代となっていたので、像法時代と呼ばれます。

第三の読誦多聞堅固の時代には、中国に経典が伝えられるなかで、鳩摩《くま》羅什《らじゅう》や玄奘《げんじょう》等の多くの僧侶によって漢訳や講説がなされ、さらに教義の研《けん》鑽《さん》などが行われました。次の第四の多造塔寺堅固の時代には、多くの寺塔や仏像が建立《こんりゅう》され、形の上で仏法流布《るふ》の姿が見られました。

またこの時代、中国に渡った仏教は、中国古来の宗教であった儒教《じゅきょう》や道《どう》教と対峙《たいじ》・融和《ゆうわ》をしながら弘まり、仏教者の間では次第に教義論争が盛んになって、「南三北七《なんさんほくしち》」と言われる十派が生まれました。そして、天台大師が出現し、これら十派の邪義をことごとく破折《はしゃく》されて法華経が大《おお》いに流布しましたが、そののち禅宗・真言《しんごん》宗等の権大乗教が中国全土を覆《おお》うようになっていきました。

また、多造塔寺堅固の時代に日本にも仏教が伝わり、「多造塔寺」の言葉通りに、奈良や京都に盛んに寺塔が建立されました。このうち、奈良においては南都《なんと》六宗の諸派が栄えましたが、平安期に入ると伝教《でんぎょう》大師最澄《さいちょう》が出現し、これらの六宗の教義を破折《はしゃく》して法華経を弘通《ぐずう》しました。

しかしほどなくして、釈尊が「白法隠没《びゃくほうおんもつ》」と予証《よしょう》した末法《まっぽう》時代が到来し、法華経を立てる天台宗は衰退し、真言宗等の邪義が蔓延《まんえん》していきました。

南都《なんと》六宗

奈良時代の主《おも》な宗派のことで、〈三論《さんろん》宗〉〈成実《じょうじつ》宗〉〈法相《ほっそう》宗〉〈倶舎《くしゃ》宗〉〈律宗〉〈華厳《けごん》宗〉の六つを言います。

南都とは、京都（平安京）に対し、奈良（平城京）を言ったものです。

■末法時代

末法《まっぽう》時代とは、釈尊の仏法の利益《りやく》がなくなり、人心が荒廃し、世相の混乱によって争いが絶《た》えない末世法滅《まっせほうめつ》の時代を言います。

この末法時代は、衆生《しゅじょう》が仏法に対する下劣な考えを持って慢心《まんしん》・疑惑などを抱き、また法華経の教義を盗み取って我れ尊《たっと》しと主張するなどの多くの邪義が続出しました。それらによって思想は混乱し、衆生《しゅじょう》の生命も、貪《とん》欲《よく》・瞋恚《しんに》・愚癡《ぐち》などの煩悩《ぼんのう》が旺盛《おうせい》となり、世のなかは荒《すさ》んで争いごとが絶えず（闘諍言訟《とうじょうごんしょう》）、さらに天変地夭《ちよう》が頻発《ひんぱつ》して末世の様相を呈《てい》し、退廃《たいはい》的な風潮《ふうちょう》が蔓延《まんえん》していきました。

このような濁乱《じょくらん》の世相である末法においては、釈尊の教法（白法《びゃくほう》）は隠《おん》没《もつ》し、末世の闇《やみ》を根本から救う日蓮大聖人の南無妙法蓮華経（大白法）が出現するのです。釈尊は、この大白法が末法に流布《るふ》すべきことを法華経薬《やく》王品《おうほん》第二十三に、

「我が滅度の後《のち》、後の五百歳の中に、閻浮提《えんぶだい》に広宣《こうせん》流布して、断絶せしむること無けん」（法華経五三九）

と説かれ、五箇《か》の五百歳の最後・第五に当たる末法において、一切衆生を済度《さいど》する仏法として、末法の法華経である南無妙法蓮華経が出現し、永久

に断絶することなく広宣流布していくことを予証されています。これについて天台大師《てんだい》も「後五百歳遠く妙道に沾《うるお》はん」（文句会本上三八）と述べ、また伝教大師《でんぎょう》は「正像稍《やや》過ぎ已《お》はって、末法太《はなは》だ近きに有り、法華一乗の機、今正《まさ》しく是《こ》れ其《そ》の時なり」（伝全二―三四九）と述べて、末法時代は妙法流布の時であることを示されています。

2 インド仏教

中インドに起こった仏教は、釈尊入滅後、弟子たちの弘教によって徐々にインド全域に広まっていきました。その後、仏説を守る立場の上座部《じょうざ》と、自由主義的な大衆部《だいしゅ》の二派に分かれた教団は、やがてそこから枝末《しまつ》分裂を起こして、部派《ぶは》仏教の時代を迎えました。そして、紀元前後の頃から大乗仏教が盛んになって多くの大乗経典が成立し、二世紀に入ると、これらの大乗経典の理論づけが行われるようになり、竜樹《りゅうじゅ》や世親《せしん》等の論師が出て、仏典の精神が解説されていきました。

経典の結集

釈尊の五十年間にわたる説法は、釈尊在世には文字として残されず、弟子たちも記録しませんでした。釈尊の滅後、弟子たちは一カ所に集まり、釈尊の教えの散逸《さんいつ》を防ぐと共に教法を整理するため、各々が記憶していた釈尊の言葉を暗誦《あんじゅ》し合い、編集しました。これを「結集《けつじゅう》」と言います。この結集は、釈尊入滅の年に第一回が行われ、その後数回にわたって行われましたが、それぞれの年代については、いくつかの説があります。

第一回結集

釈尊入滅の年、阿闍世《あじゃせ》王の外護《げご》によって、摩訶陀《まかだ》国（マガダ）の王舎城《おうしゃじょう》（ラージャグリハ）の南、七葉窟《しちようくつ》（畢波羅《ひっぱら》窟）の前に講堂が建立寄進《こんりゅうきしん》されました。ここに長老の摩訶迦葉《まかかしょう》を上首《じょうしゅ》として五百人の比丘《びく》が集まり、持律《じりつ》第一の優波離《うばり》が戒律（律蔵）を誦《じゅ》し、多聞《たもん》第一の阿難《あなん》が教法（経蔵）を誦して、それを多くの比丘たちが確認し整理しました。

この結集は七カ月間にわたって行われ、場所にちなんで「王舎城結集」、また集まった人数にちなんで「五百結集」（集法《しゅうほう》）」とも言われています。

多くの経典の冒頭にある「如是我聞《にょぜがもん》（是《かく》の如《ごと》く我《われ》聞きき）」は「このように私は（仏から）聞いた」との意で、それ以下に述べる教説が釈尊の説いた教えであることを証明する序文《じょぶん》となります。

なお、この第一回結集によって確定された釈尊の教えは、暗誦《あんじゅ》されたのみで、文字としては残されませんでした。それは、当時の見解として、崇高《すうこう》な教えは文字に表すことはできないと考えられていたからと言われています。

第一回結集が行われた七葉窟

第二回結集と根本分裂

第二回の結集《けつじゅう》は、仏滅後百年の頃、戒律上の異議が生じたことを契機《けいき》として、耶舎《やしゃ》等の七百人の比丘《びく》が毘舎離《びしゃり》（ヴァイシャーリー）の大林精舎《だいりんしょうじゃ》に集まり、律蔵を中心に編集されました。この結集は八カ月間にわたって行われ、「毘舎離結集」とも「七百結集（集法《しゅうほう》）」とも言われています。

当時、毘舎離地方の比丘らは律蔵に対して寛大《かんだい》な解釈をし、それまで許されなかった金銀を受けること、塩を蓄《たくわ》えることなど、十の新説（十事）を主張していました。この十事の是非《ぜひ》を巡《めぐ》って、東西から七百人の比丘が毘舎離に集まって討議《とうぎ》を行い、その議論の結果、新説の十事は非法《ひほう》として退《しりぞ》けられました。また、併《あわ》せて「経」と「律」の合誦《ごうじゅ》が行われました。

その後、非法として退けられた比丘らが独自の結集（大衆《だいしゅ》結集）を行ったことにより、教団は教義や戒律を伝統的に解釈する「上座部《じょうざぶ》」と、戒律に執《とら》われず自由な解釈をする「大衆部《だいしゅぶ》」とに分かれていきました。この分裂を「根本分裂」と言い、また分裂以前を「原始仏教」、これ以後は「部《ぶ》派《は》仏教」と呼ばれています。

第三回結集

紀元前三世紀頃、マウリヤ王朝第三代阿育王《あいく》は、仏教を厚く外護《げご》して寺塔を建立《こんりゅう》し、僧を供養《くよう》しました。

この阿育王の外護のもと、目犍連帝須《もっけんれんたいしゅ》が上首《じょうしゅ》となって一千人の比丘《びく》を集め、華氏城《けしじょう》（パータリプトラ）において経・律・論の三蔵《さんぞう》を編集しました。

この結集《けつじゅう》は約九カ月間にわたって行われ、「華氏城結集」「千人結集（集《しゅう》法《ほう》）」と言われています。

第四回結集

二世紀中期のクシャーナ王朝第三代迦膩色迦《かにしか》王は、阿育《あいく》王と並ぶ仏教の外護《げご》者で、寺院の建立《こんりゅう》や弘通《ぐずう》に力を尽くしました。

当時、インドの仏教界は多くの部派《ぶは》に分かれ、互いに自説を主張し、論難《ろんなん》し合っていました。そこで仏教の外護者であった王は、これらを統一しようと結集《けつじゅう》を発願《ほつがん》し、付法蔵《ふほうぞう》の十祖である脇比丘《きょうびく》

阿育王が建てた石柱には、法勅（公に意志を表示する碑文）が刻まれている

を中心として三蔵《さんぞう》に通ずる五百人の比丘等を集め、カシミールにおいて三蔵の釈論を編集しました。

■大乗仏教の興起

仏滅後百年の頃、第二回結集《けつじゅう》を機として「上座部《じょうざ》」と「大衆部《だいしゅ》」に分裂した教団は、その後さらに分裂を繰り返し、十八部、または二十部に分かれていきました。

分裂の原因は様々で、教法の捉え方の相違によるもの、指導的立場にいた長老を中心として一派をなしたもの、地理的に隔絶《かくぜつ》して一派を形成したものなどがありました。このような分裂を繰り返していくなかで、各教団は経典や戒律の解釈（釈論）を先行させることとなり、次第に学問中心の利己的な修行へと形骸《けいがい》化していきました。

そこで、仏教本来の衆生済度《しゅじょうさいど》の姿に復帰《ふっき》させようとする運動が起こってきました。この仏教運動者たちは、釈尊の教えは自己の悟《さと》りのみを追求するのではなく、衆生の救済に真の目的があるとし、その観点から一切衆生の救済を目指す自らを「大乗」と名づけ、それに対して利己的な部派《ぶは》仏教を「小乗」として排斥《はいせき》しました。

この大乗仏教運動には、部派仏教の人たちの間からも共鳴《きょうめい》者が多く現れ、インド各地に急速に普及していきました。

大乗仏教の展開

大乗仏教運動の進展にともなって大乗経典も数多く編纂《へんさん》され、やがて二世紀頃から経典の注釈も行われるようになり、竜樹《りゅうじゅ》等の論師が出ました。

竜樹は、『中論《ちゅう》（中観論）』をはじめ『大智度論《だいちど》』や『十住毘婆沙論《じゅうじゅうびばしゃ》』等を

竜樹像（7世紀）

著して「空《くう》」の教えを大成《たいせい》し、大乗仏教思想の基礎を築きました。これにより竜樹は、中国や日本の多くの宗派から開祖と仰がれ、「八宗の祖」と言われています。

竜樹の後継者《こうけいしゃ》たちは、主《おも》に『中論』を中心に研究したので、その系統は「中観派」と呼ばれています。その後、四世紀になると、無著《むじゃく》や世親《せしん》等の論師が出て、唯識《ゆいしき》思想を大成し、大乗教の宣揚《せんよう》に努めました。この系統を受け継《つ》ぐ弟子たちは「唯識（瑜伽行《ゆがぎょう》）派」と称され、「中観派」と共に二大学派が形成されて、学問仏教としての色彩《しきさい》が強まっていきました。

しかし、六世紀に入ると、仏教は呪術《じゅじゅつ》的・神秘《しんぴ》的傾向を帯《お》びて密教《みっきょう》化し、土俗《どぞく》信仰であるヒンドゥー教の影響を強く受け、次第に吸収されていきました。さらに十一世紀頃からイスラム教がインドに進出し、イスラム教徒の攻撃によって、多くの僧がネパールやチベットに逃《のが》れるようになりました。

イスラム教徒は、仏教僧院の破壊や僧尼《に》の殺戮《さつりく》を行い、一二〇三年には、インド仏教の中心的寺院であり最後の砦《とりで》であったヴィクラマシラー僧院を

世親

破壊し、これによってインドの仏教は消滅しました。

大乗非仏説について

大乗仏教が発展する一方で、それを否定しようとする「大乗非仏説」という考えも現れてきました。

大乗非仏説とは「大乗は仏の説に非《あら》ず」という意味で、大乗経典は釈尊滅後に経典の編纂《へんさん》者が創作したものであって、釈尊が真に説いた経は、釈尊の時代にもっとも近い阿含《あごん》部の経典（小乗経）だけであるとする考えです。

この大乗非仏説論そのものは、既に古代インドから論じられており、大品《だいぼん》般若《はんにゃ》経等にも記述が見られます。

しかし中国では、仏教は道教《どうきょう》との間に確執《かくしつ》を生《しょう》じましたが、大乗非仏説論は起こりませんでした。

日本においては、江戸時代中期になって思想家の富永仲基《とみながなかもと》が『出定後語《しゅつじょうごご》』を、国《こく》学者の平田篤胤《ひらたあつたね》が『出定笑《しょう》語』を著して非仏説論を唱え、さらに明治期においても、この流れはわずかに続きました。

しかし、これらの大乗非仏説論は、釈尊滅後に弟子たちによって結集《けつじゅう》された経典を年代順に見たところからの発想であって、釈尊の衆生済度《しゅじょうさいど》の願いや、その説かれた経典の真意を汲《く》んだものではありません。釈尊が教えを説かれた目的は、すべての衆生を救うところにあるのですから、小乗教のような自己のみの完成を目指す教えだけを真実とする考え方は、釈尊の本意に背《そむ》くこととなります。また、大乗経典に説かれる予言の的中や、法華経に説かれる深遠《じんのん》にして円満な教理は、法界一切を開悟《かいご》した仏でなければ明かすことのできないものです。

これらの理由から、現代では大乗仏教に釈尊の精神と教えが正しく説かれているとして、大乗を仏説とする考えが定着しています。

3 中国仏教

仏教は紀元前三世紀頃、阿育《あいく》王が仏教興隆のために尽力したことによってインド全域に広まり、さらに伝《でん》導師《どうし》の派遣によって国境を越え、異民族にも伝えられました。

その伝播《でんぱ》は、主に「北伝」と「南伝」の二つの流れがあります。北伝仏教は、サンスクリット語の経典による大乗仏教が主で、インド

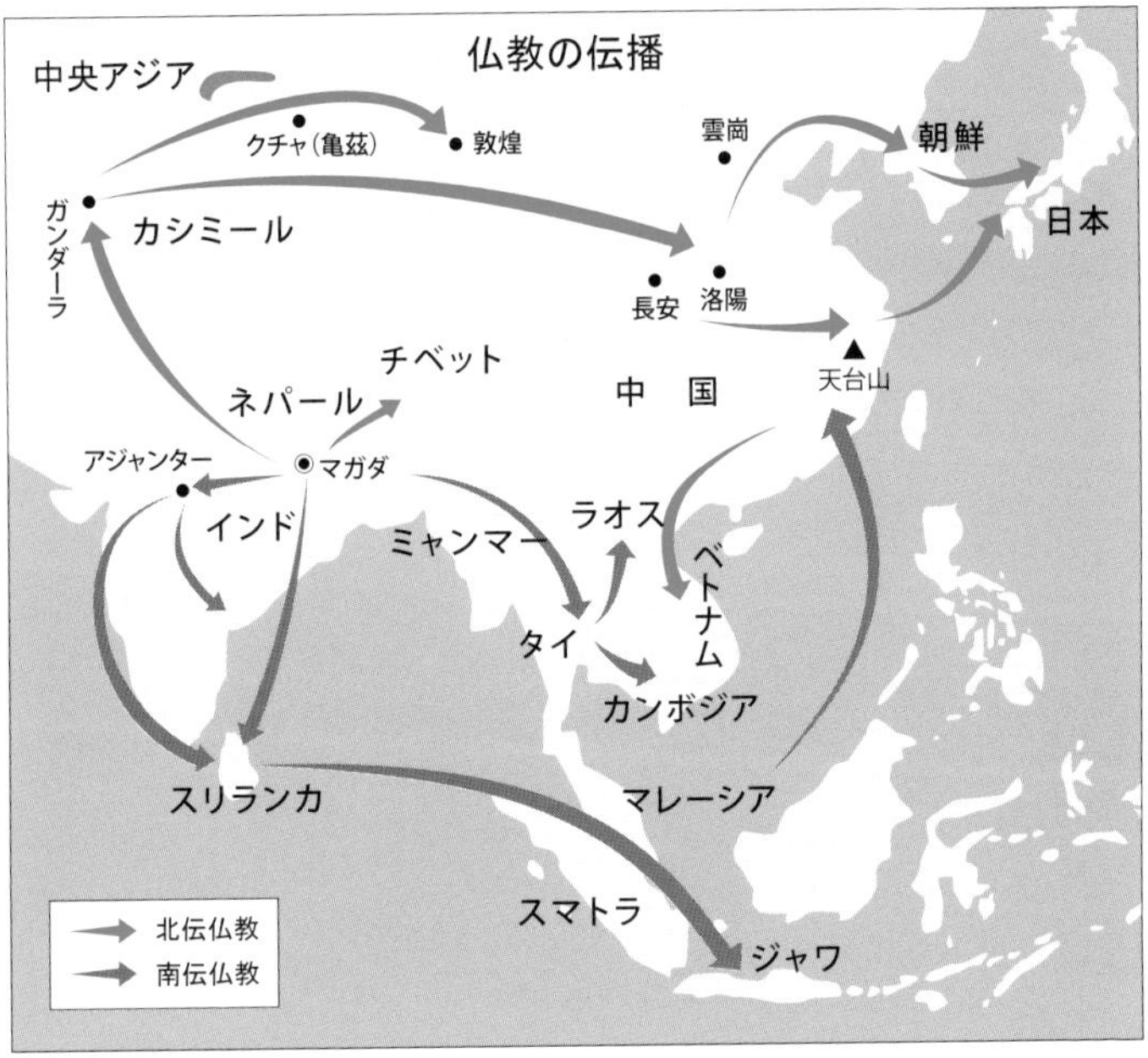

からカシミール、ガンダーラに広まり、シルクロードの東西交易《こうえき》によって陸路を経由し、中央アジアから中国の漢民族に伝えられました。また南伝仏教は、パーリ語の経典による小乗仏教が主で、インド洋の海上交通の貿易路を利用して、東南アジアおよび南方の諸地域に伝播し、やがて五世紀頃には海路から中国へも伝えられていきました。

なお仏教は、西方のギリシャ、シリア、エジプト、マケドニア等のヨーロッパ、中近東の地域にも伝わったと言われています。

仏教伝来

漢時代

中国に仏教が伝来したのは、後漢の明《めい》帝が、永平十（紀元六七）年、インドの迦葉摩騰《かしょうまとう》と竺法蘭《じくほうらん》を洛陽《らくよう》（現在の河南省《かなんしょう》）に迎え、白馬寺において経典を訳させたことに始まると言われています。このほかにも前漢時代の末、哀帝《あい》の元寿元（紀元前二）年に、景盧《けいろ》が大月氏《がっし》国の使者であった伊存《いぞん》から仏教を口授《こうじゅ》されたことをもって仏教伝来とする説などがあります。

しかし、この前漢・後漢のいずれの時代においても、既に儒学《じゅがく》や道《どう》教が人々の間に深く浸透していたため、仏教は容易には広まりませんでした。

仏教が中国の人々に認識されるようになったのは、後漢の桓《かん》帝（一四六～一六八年在位）の時、インドの安息《あんそく》国（パルティア）の皇太子であった安世高《あんせいこう》が出家して沙門《しゃもん》となり、その後中国に渡り、約二十年もの間、主に小乗経典の漢訳に従事したことによります。また霊《れい》帝（一六八～一八九年在位）の時、大月氏国の沙門であった支婁迦讖《しるかせん》が中国に入り、大乗経典を訳出したことによるとも言われています。

以後、この二人の渡来《とらい》に影響されて、西域諸国から弘教《ぐきょう》のために中国へ入る沙門の数も次第に増え、多くの経典が翻訳《ほんやく》されました。

中国における仏教は、このような経過のもと、魏《ぎ》・呉《ご》・蜀《しょく》の三国時代を経て、次第に盛んになっていきました。

三国時代の中国
□内は五胡

経典翻訳期

西晋時代

魏《ぎ》の国は、蜀《しょく》の国を滅ぼしたあと「晋《しん》」を建国し（二六五年）、さらに呉《ご》の国を統合して（二八〇年）三国を統一しました。この晋の建国から約五十年間を西晋《せい》時代と言います。

この時代の代表的な仏教僧に竺法護《じくほうご》（二三一頃〜三〇八頃）がいます。竺法護は、約四十年にわたって経典の翻訳《ほんやく》に従事し、正《しょう》法華経、光讃般若《こうさんはんにゃ》経等、三百巻を超える経典を訳出し、仏教流布《るふ》に多大な功績を残しました。

一方で、竺法雅や康法朗《こうほうろう》などの仏教僧は、当時、既に広まっていた儒教《じゅきょう》や老子《ろうし》・荘子《そうし》の思想・用語を利用して仏教の教理を説明し、布教を展開しました。これを「格義仏教」と言います。このような布教方法は、伝道の上で一往《いちおう》の成果が見られましたが、その反面、仏教本来の教義を歪《ゆが》めてしまう危険性を持ち合わせていました。

晋における仏教は、このような経過をたどりながら、紀元三百年頃には国王の庇護《ひご》により寺院が数多く建てられ、僧尼《に》の数は三千数百人にも及んだと言われています。

五胡十六国時代

四世紀になると、北方の騎馬《きば》民族や西方の民族の五胡《こ》（匈奴《きょうど》・鮮卑《せんぴ》・羯《けつ》・氐《てい》・羌《きょう》）が勢力を増したため、晋は江南に追いやられ（東晋）、河北には二趙《ちょう》（前趙・後趙）、三秦《しん》（前秦・後秦・西秦）、四燕《えん》（前燕・後燕・南燕・北燕）、五涼《りょう》（前涼・後涼・西涼・南涼・北涼）、夏《か》、成《せい》の十六の国が建ちました。この時代を総称して五胡十六国時代と言います。

これら諸国の間では戦乱が絶《た》えず、人心は不安を増し、救いを新興《しんこう》の仏教に求めるようになりました。また、自国の文化向上を図《はか》るために僧侶を迎えたことで仏教は隆昌《りゅうしょう》し、特に後趙・前秦・後秦・北涼の各国では盛んになりました。

前秦の釈道安（三一二頃〜三八五）は、これまでに訳出された経典のなかに翻訳者《ほんやくしゃ》・年次等が不明のものが多数あったため、これらの経典を整理して『綜理衆経目録《そうりしゅきょうもくろく》（道安録）』を作成しました。

また、後秦の時代にかけて仏教はますます盛んになり、鳩摩羅什《くまらじゅう》（三四四頃〜四一三頃）など、多くの僧侶が輩出《はいしゅつ》されました。

鳩摩羅什（羅什三蔵）

鳩摩羅什《くまらじゅう》は亀茲国《きじ》（現在の中国新疆《しんきょう》ウイグル自治区クチャ県）に生まれ、七歳で出家し、九歳の時に大月氏国《がっし》に渡って槃頭達多《はんずだった》に小乗経を学んだのち、故国に帰って須利耶蘇摩《しゅりやそま》に大乗の諸経を学びました。その後、大乗の研究と布教に励み、その名声は諸国に及んでいきました。

羅什は、亀茲国が滅亡したあと、涼《りょう》州（現在の甘粛省《かんしゅく》）に留まり、弘始《こうし》三（四

羅什《らじゅう》の入寂《にゅうじゃく》

羅什は生前、「自分が死ねば必ず火葬にせよ。もし翻訳《ほんやく》した経典が仏の御意に添《そ》うならば、不浄の身は焼けても舌は焼けないであろう。もし舌が焼けたならば訳経を捨てよ」と言い遺《のこ》し、七十歳をもって長安大寺《ちょうあんだい》で寂《じゃく》しました。

羅什を火葬したところ、遺言《ゆいごん》通り舌だけが残り、火中に生じた青蓮華《しょう》の上で五色の光を放っていたと伝えられています。

〇二年、後秦《しん》二代の王・姚興《ようこう》に迎えられて長安《ちょうあん》に入りました。羅什はその庇護《ひご》のもと国師の待遇を得て、学識を慕《した》って集まった多くの門弟たちと共に、三百八十四巻と言われるほどの経論を訳出しました。その代表的なものに、妙法蓮華経、大品般若経《だいぼんはんにゃきょう》、維摩経《ゆいまきょう》、および『大智度論《だいちどろん》』『中論《ちゅうろん》』『十二門論』『百論』『十住毘婆沙論《じゅうじゅうびばしゃろん》』があります。

法華経の宣揚

南三北七

五〜六世紀になると、東晋《しん》の流れを継続した南朝と、五胡《こ》の流れを汲《く》む北朝とが、政治・学問・芸術などにわたって対立する南北朝時代となります。

南朝では、四二〇年に成立した宋《そう》に続いて、斉《せい》、梁《りょう》、陳《ちん》の国々の興亡《こうぼう》がありました。北朝においては、四三九年に北魏《ほくぎ》が華北《かほく》を統一しましたが、やがて内部分裂を起こし、そのなかの北周《しゅう》が北斉を滅《ほろ》ぼして、華北は再び統一されました。この北周は五八一年に隋《ずい》に代わり、隋はさらに南朝の陳をも滅ぼして、五八九年に全国を統一しました。

この南北朝時代に、仏教では経典に対する教相判釈《きょうそうはんじゃく》の研究が活発となり、揚子江《ようすこう》流域（江南）に三派、黄河《こうが》流域（河北）に七派の南三北七《なんさんほくしち》の十派が各々の義を立てました。

しかしこれらの主張は、細部の違いはあっても大綱は共通しており、華《け》厳経《ごんぎょう》第一、涅槃経《ねはんぎょう》第二、法華経第三というものでした。これに対し、南朝最後の陳時代に出た天台《てんだい》大師は、これら南三北七の義を打ち破って法華経を宣揚《せんよう》しています。

天台大師（智顗）

天台《てんだい》大師（五三八～五九七）は、中国天台宗の開祖であり、陳《ちん》・隋《ずい》両時代の法華経の第一人者として、後世の法華経信仰に多大な影響を与えました。

天台大師は、諱《いみな》を智顗《ちぎ》と言い、梁武帝《りょうぶてい》の大同《だいどう》四（五三八）年、荊《けい》州華容県（現在の湖北省《こほくしょう》潜江市）に生まれました。

十八歳の時、湘州《しょうしゅう》（現在の湖南省長沙《ちょうさ》市）果願《かがん》

天台大師

寺の沙門《しゃもん》・法緒《ほうちょ》のもとで出家し、法華三部経等を研鑽《けんさん》したのち、二十三歳で大蘇山《だいそざん》（河南省南部《かなん》）の慧思《えし》（南岳大師）に師事し、法華三昧《ざんまい》の行に入り、法華経薬王品《やくおうほん》第二十三の、

「是真精進《ぜしんしょうじん》。是名真法《ぜみょうしんぽう》。供養如来《くようにょらい》(是《こ》れ真の精進なり。是《これ》を真の法をもって如来を供養すと名づく)」(法華経五二六)

の句によって悟《さと》りを開きました。これを「大蘇開悟《かいご》」と言い、このことから天台大師は薬王菩薩《ぼさつ》の後身《ごしん》と言われています。

三十二歳の時、金陵《きんりょう》（南京《なんきん》）の瓦官寺《がかんじ》で法華経を開講し、その六年後、隠遁《いんとん》を決意して天台山（浙江省東部《せっこう》）に入り、日々、頭陀《ずだ》を行じて円頓止観《えんどんしかん》を悟りましたが、四十七歳の時に陳王のたび重なる請《こ》いに応じて天台山を下り、五十歳の時に金陵の光宅寺《こうたく》において『法華文句《もんぐ》』を講じました。

陳が滅び、隋が天下を統一すると、天台大師は隋の晋王広《しんおうこう》（のちの煬《よう》

帝《だい》）に招かれ、開皇《かいこう》十一（五九一）年、五十四歳の時に晋王広に菩薩戒を授けました。この時に「智者大師」の号を贈《おく》られています。

翌年、天台大師は故郷の荊州に玉泉寺を建立《こんりゅう》し、そこで『法華玄義《げんぎ》』を講じ、続いて開皇十四（五九四）年より『摩訶《まか》止観』を講説し、一念三千の法義を明らかにして、法華経が最高の教法であることを示しました。またこの間、南三北七《なんさんほくしち》の十師たちが唱える邪義に対して、天台大師は五時八教判をもって打ち破っています。

その後、天台大師は開皇十七（五九七）年に、天台山において六十歳で入寂《にゅうじゃく》しました。

天台法華宗

天台大師の入寂《にゅうじゃく》後、弟子の章安《しょうあん》大師（灌頂《かんじょう》・五六一～六三二）が教団の興隆に心血を注《そそ》ぎ、天台宗の基礎を築きました。
章安大師は、天台大師の『法華玄義《げんぎ》』『法華文句《もんぐ》』『摩訶止観《まかしかん》』の講義を筆録・整理して三大部を完成させ、後世に残しています。
章安大師以後、唐《とう》代に入って、天台宗は智威《ちい》・慧威《えい》・玄朗《げんろう》と継承されましたが、当時流行していた禅宗・真言《しんごん》宗・華厳《けごん》宗・法《ほっ》相《そう》宗等に押されて宗勢は振るわ

法華三大部

天台大師が法華経を解釈した『法華玄義《げんぎ》』『法華文句《もんぐ》』『摩訶止観《まかしかん》』を法華三大部と言います。

『法華玄義』（十巻）…法華経の題号である妙法蓮華経について、名《みょう》・体《たい》・宗《しゅう》・用《ゆう》・教《きょう》の五重玄《ごじゅうげん》を用《もち》いて教理的に解釈した書。

『法華文句』（十巻）…法華経二十八品《ぽん》の文々句々について、因縁・約教・本《ほん》迹《じゃく》・観心の四つの方面から解釈した書。

『摩訶止観』（十巻）…法華経を己心《こしん》に証得するための一心三観・一念三千の法門を説き明かした書。

なくなっていきました。

しかし、唐代の中頃に、玄朗の弟子である天台宗第六祖の妙楽大師《みょうらくだいし》（荊《けい》渓湛然《けいたんねん》・七一一〜七八二）が出て、天台の一念三千の法義を明確にし、前に流行した宗派を破折《はしゃく》して宗勢を復興させました。これにより妙楽大師は、天台宗の中興《ちゅうこう》の祖と呼ばれています。

妙楽大師の著作には、三大部を注釈した『法華玄義釈籤《しゃくせん》』『法華文句記』『摩訶止観輔行伝弘決《ぶぎょうでんぐけつ》』をはじめ、多くの論や経典の通釈等があります。

この妙楽大師のあとを継いだのが弟子の道邃《どうずい》と行満《ぎょうまん》であり、この二人から天台法門を学び、特に道邃から円頓止観を授けられたのが、日本の伝教《でんぎょう》大師です。

4 日本仏教

インドで生まれた仏教は、中国を経て、六世紀の半《なか》ば、日本に伝えられました。その後、奈良時代に入ると、仏教は鎮護《ちんご》国家の宗教としての基礎を固め、多くの寺院が建立《こんりゅう》されました。

次いで、平安時代には伝教《でんぎょう》大師最澄《さいちょう》が出て、南都《なんと》六宗を破して法華経を宣揚《せんよう》しましたが、平安後期より末法《まっぽう》思想が強まり、来世に救いを求め、極《ごく》楽往生《らくおうじょう》を願う浄土《じょうど》教が日本中にはびこりました。

鎌倉時代には、世相の混乱を受けてさまざまな宗派が己義を構えるなかで、末法の闇《やみ》を照らし、一切衆生《しゅじょう》を救う日蓮大聖人が出現され、あらゆる邪義を破折《はしゃく》して正法《しょうぼう》を打ち立てられました。

仏教公伝

日本への仏教伝来は、百済《くだら》（古代朝鮮）の聖明《せいめい》王から、仏像・経論等が欽明《きんめい》天皇に献上されたことをもって公伝《こうでん》とされています。これには宣化《せんか》天皇三（五三八）年と欽明天皇十三（五五二）年の説があります。

仏教の受け入れについて、蘇我《そが》氏（崇仏《すうぶつ》派）と物部《もののべ》氏（排仏派）との間に対立が生じましたが、これは仏教受容の問題だけではなく、帰化人《きかじん》との関係が深かった蘇我氏と保守的な物部氏との内政・外交にわたる主導権の争いでもありました。

この両者の対立は、用明《ようめい》天皇崩御《ほうぎょ》後における皇位継承問題を巡《めぐ》って激化し、用明天皇二（五八七）年に蘇我馬子《うまこ》が物部守屋《もりや》を倒し、権力を掌握《しょうあく》したことで仏教が受け入れられるようになりました。

崇峻《すしゅん》天皇五（五九二）年には崇峻天皇が暗殺され、馬子の姪《めい》の推古《すいこ》天皇が即位し、その翌年、天皇の甥《おい》にあたる聖徳太子《しょうとくたいし》（厩戸《うまやど》皇子）が摂政《せっしょう》となり、国政を担当することになりました。

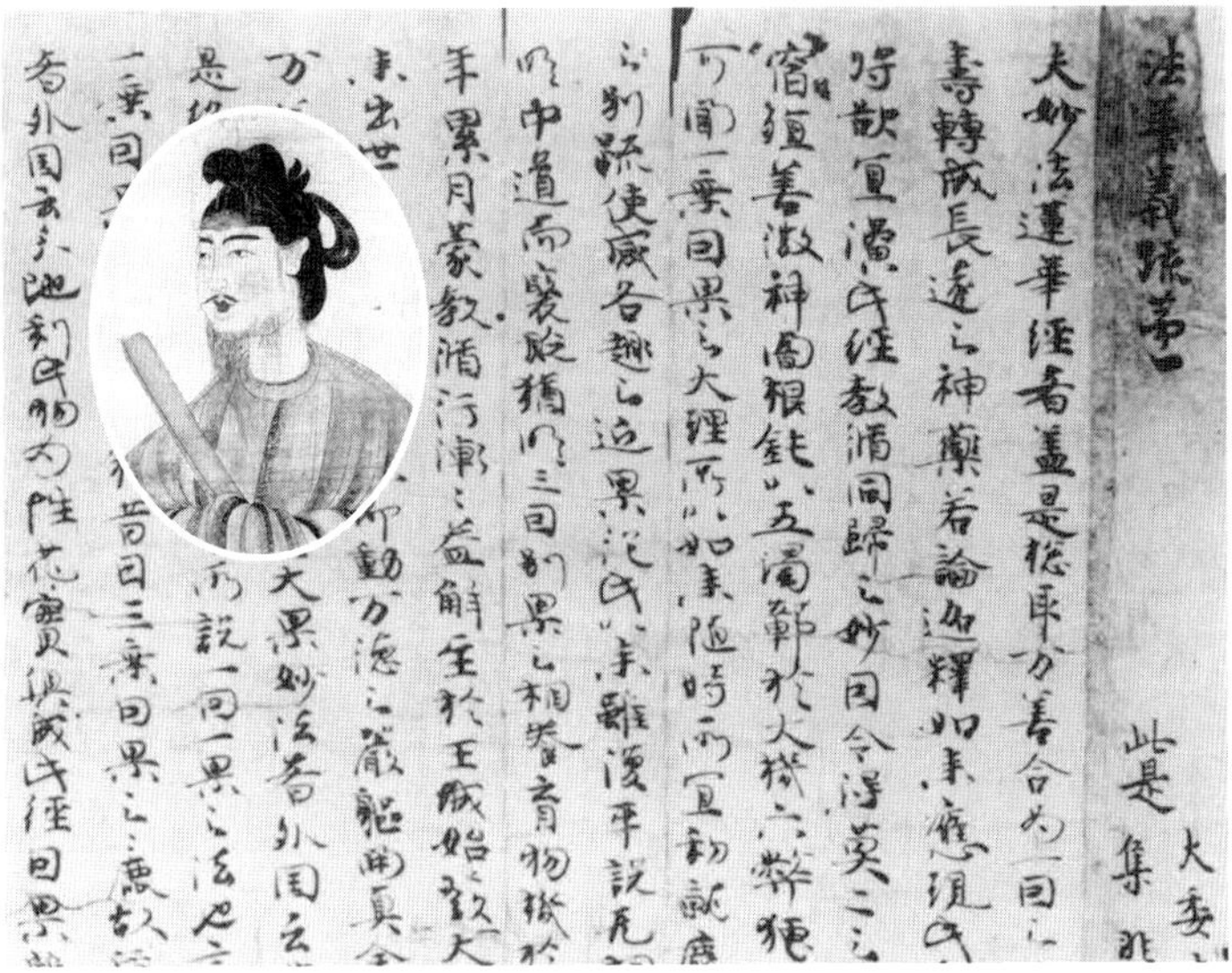

聖徳太子と『法華義疏』（義疏とは注釈の意味）

聖徳太子は、「和ヲ以《もっ》テ貴《とうと》シト為《な》シ」「篤《あつ》ク三宝《さんぼう》ヲ敬《うやま》ヘ三宝トハ仏・法・僧ナリ」などの内容を含む「十七条憲法」を定め、さらに、法華経・勝鬘《しょうまん》経・維摩《ゆいま》経の注釈書である「三経義疏《ぎしょ》」を著すなど、仏教を取り入れた政治を行いました。

また推古天皇が「三宝興隆の詔《みことのり》」を、孝徳《こうとく》天皇が「仏法興隆の詔」をそれぞれ発するなど、仏教は国家の保護を受けながら発展していきました。

奈良仏教

奈良時代になると中央集権による国家体制が確立し、仏教はその体制下に組み入れられ、「僧尼令《に》」等の寺院に関する法令・制度が定められていきました。

聖武《しょうむ》天皇は、国家社会の安泰を祈るために、天平《てんぴょう》十二（七四〇）年、法華経の書写を国ごとに命じ、また翌年には「国分寺建立《こんりゅう》の詔《みことのり》」を発し、特に国分尼寺には法華経を置くことを定めて「法華滅罪之寺」と称するなど、法華経に深く関心を示して政治を行いました。さらに聖武天皇は、人心の掌握《しょうあく》と政局安定を図《はか》るために、天平十五（七四三）年、盧舎那《るしゃな》仏（大仏）造立《ぞうりゅう》の詔を発し、孝謙《こうけん》天皇の天平勝宝《しょうほう》四（七五二）年には、東大寺の大仏が完成しました。

これらのことにより、奈良仏教は鎮護《ちんご》国家の宗教としての基礎を固め、奈良の諸大寺は南都《なんと》六宗を形成するなど、繁栄を極めました。

しかしその反面、次第に宗教と政治との癒着《ゆちゃく》が起こり、僧侶は仏道を求めることを忘れて権勢栄誉を追求するようになり、仏教は形骸《けいがい》化していきました。

■平安仏教

伝教大師（最澄）

奈良仏教の弊害《へいがい》を打破し、新たに平安仏教を打ち立てたのが伝教《でんぎょう》大師最《さい》澄《ちょう》です。

伝教大師

伝教大師（七六七〜八二二）は、神護景雲《じんごけいうん》元（七六七）年、近江《おうみ》国滋賀《しが》郡（滋賀県大津市）に生まれ、十四歳で得度し、十九歳の時に東大寺戒壇《かいだん》院で小乗の具足《ぐそく》戒を受けました。その後、比叡山《ひえいざん》に登り、法華三大部等を学び、延暦《えんりゃく》七（七八八）年、草庵《そうあん》を改めて一乗止観《しかん》院（のちの延暦寺）と名づけて一寺を建立《こんりゅう》しました。そしてのちに、山上で法華十講（法華経八巻と開《かい》・結《けつ》二経の講義）を開き、さらには高雄山寺《たかおさんじ》において法華三大部を講じ（法華会）ています。

桓武《かんむ》天皇から高く評価された伝教大師は、遣唐使《けんとうし》として入唐求法《にっとうぐほう》することになり、延暦二十三（八〇四）年に中国に渡って、妙楽《みょうらく》大師の弟子である道邃《どうずい》と行満《ぎょうまん》から天台法門を受けました。

　翌年、帰国した伝教大師は、法華経を中心とする活動を始めました。そのなかで、奈良の旧仏教を代表する法相《ほっそう》宗の徳一《とくいち》との間で「三一権実《さんいちごんじつ》論争」が起こりました。これは、徳一の説く三乗差別主義と伝教大師の法華一乗主義との論争で、伝教大師は『守護国界《こっかい》章』『法華秀句《しゅうく》』等を

延暦寺（根本中堂）

著して破折《はしゃく》しました。

伝教大師は弘仁《こうにん》九（八一八）年、かつて東大寺で受けた小乗戒を棄《す》て、翌年、比叡山に大乗戒壇建立の勅許《ちょっきょ》を願い出ましたが、南都六宗側の強い反対により認可されることなく、同十三（八二二）年六月四日、伝教大師は法を義真《ぎしん》に付し、五十六歳で入寂《にゅうじゃく》しました。

これを悼《いた》んだ嵯峨《さが》天皇は、没後七日目に大乗戒壇建立の勅許を下《くだ》しました。この大乗戒壇は天長四（八二七）年に建立され、そして貞観《じょうがん》八（八六六）年七月には、清和天皇から「伝教大師」の号が贈《おく》られました。

空海と真言宗

伝教《でんぎょう》大師と同時代の空海《くうかい》（弘法《こうぼう》大師・七七四〜八三五）は、日本に真言《しんごん》宗を開きました。空海は『論語』『孝経』等の儒教《じゅきょう》を中心に学んだあと、十八歳の時に大学寮に入り、のちに仏教に転じて、延暦《えんりゃく》二十三(八〇四)年、東大寺において具足戒《ぐそくかい》を受けました。そして同年、遣唐使《けんとうし》の一員として中国に渡り、不空三蔵の弟子の恵果《けいか》から真言密教の教えを受け、大同元《だいどう》(八〇六)年に帰国しました。

空海は弘仁《こうにん》七(八一六)年、高野山《こうやさん》に金剛峯寺《こんごうぶじ》を建立《こんりゅう》したのち、密教の祈祷《きとう》によって天皇や貴族と結びつき、同十四(八二三)年、嵯峨《さが》天皇から京都に東寺《とうじ》(教王護国寺)を与えられました。さらに日本真言の理論づけのために『秘密曼荼羅《まんだら》十住心論《じゅうじゅうしんろん》』『秘蔵宝鑰《やく》』等を著し、真言宗を確立しました。真言宗は空海の死後、内紛などによって広沢六流・小野六流の十二流、さらには三十六流等に分派していきました。

なお真言宗の教義は、東寺を中心とする密教であることから「東密《とうみつ》」と呼ばれています。

天台宗の密教化

伝教大師《でんぎょうだいし》の没後、その法を付嘱《ふぞく》された義真《ぎしん》は師の遺志を正しく受け継いでいましたが、朝廷から天台座主《てんだいざす》に補任された三代・円仁《えんにん》（慈覚）と五代・円珍（智証）らは真言《しんごん》密教の教えを採り入れ、天台宗の密教化（台密《たいみつ》）を強く推し進めました。この密教化の主《おも》な原因は、当時、貴族が自らの出世や栄達のために、仏教にその祈祷《きとう》を託したことにあります。そしてこの密教化は、安然《あんねん》によって大成されたと言われています。

天台宗では、やがて弟子の間で法門上の解釈や座主の立場を巡《めぐ》る争いが起こり、円仁門流と円珍門流に分かれていきました。そして正暦《しょうりゃく》四（九九三）年には、円珍門流が延暦寺《えんりゃくじ》の別院である園城寺《おんじょうじ》（三井寺《みいでら》・寺門派）に下り、円仁門流の延暦寺（山門派）との間で、互いに僧兵を持って争うまでに至りました。
この争いは、平安時代から鎌倉・室町《むろまち》時代を通じて約五百年間続くことになります。

■末法思想と鎌倉仏教

平安後期から鎌倉時代においては、五濁悪世《ごじょくあくせ》の到来を告げる「末法思想《まっぽうしそう》」が人々に大きな影響を与えました。

仏滅後二千一年に当たる永承《えいしょう》七（一〇五二）年は、末法の始まりの年とされ、その頃から、貴族社会にその権勢を脅《おびや》かす様々な問題が生じてきました。特に藤原氏による摂関《せっかん》政治の恩恵《おんけい》を受けられない貴族が出てきたことや、荘園《しょうえん》の内部に抱えていた武士が貴族と並び立つ力を持ち始めたことなどによって、貴族の間には「世も末《すえ》」という退廃《たいはい》的な末法思想が蔓延《まんえん》していきました。

さらには、多くの荘園を所有する大寺院においては、戦乱のなかにあって、下級の僧侶を僧兵として組織することを余儀《よぎ》なくされるなど、末法思想はあらゆる社会階層に深刻な不安と危惧《きぐ》をもたらしたのです。

このような末法を思わせる社会現象の続出に加えて、天変地夭《ちよう》などの自然災害も相《あい》次いで起こったことから、人々の間には無常《むじょう》観や厭世《えんせい》観が広まっていきました。

こうした状況下に人々の関心を集めたのが「浄土《じょうど》教」でした。この教えは、奈良時代に日本に伝来し、貴族の間に広まっていましたが、平安時代の天台僧・源信（恵心《えしん》・九四二〜一〇一七）の『往生要集《おうじょうようしゅう》』等が元となって体系化され、現世を穢《けが》れた苦しみの世界とし、念仏を称《とな》えることによって極楽《ごくらく》浄土に往生できるというものです。

建久《けんきゅう》三（一一九二）年、鎌倉時代に入ると武家政権が確立し、社会は安定するかのように思われましたが、各地の争乱は収まらず、さらに地震や天災などの天変地夭も盛んに起こり、人々の不安は募《つの》るばかりでした。このような時代背景のもとに、鎌倉新仏教と言われる宗派が次々と誕生していったのです。

法然《ほうねん》（源空・一一三三〜一二一二）は専修《せんじゅ》念仏を説いて浄土宗

鎌倉新仏教の宗派

宗派	開祖	主要著書	中心寺院
浄土宗	法然	選択本願念仏集	知恩院（京都）
浄土真宗	親鸞	教行信証	本願寺（京都）
時宗	一遍	一遍上人語録	清浄光寺（神奈川）
臨済宗	栄西	興禅護国論	建仁寺（京都）
曹洞宗	道元	正法眼蔵	永平寺（福井）

を、親鸞《しんらん》（一一七三〜一二六二）は絶対他力《たりき》を説いて浄土真《しん》宗を、一遍《いっぺん》（一二三九〜一二八九）は踊《おど》り念仏をもって時《じ》宗を開きました。また、叡尊《えいぞん》（一二〇一〜一二九〇）は戒律護持の功徳を説いて律宗を復興させました。さらに栄西《えいさい》（一一四一〜一二一五）は、戒律を持《たも》つことを基本とした臨済禅《りんざいぜん》を立てて臨済宗を興《おこ》し、道元《どうげん》（一二〇〇〜一二五三）は、ひたすら座禅《ざぜん》する「只管打坐《しかんたざ》」をもって曹洞《そうとう》宗を開いています。

人々はこうした宗教に救いを求めましたが、天変地夭や戦乱は止《や》むどころか激しさを増し、民衆の間には疫病《えきびょう》が蔓延し、餓死《がし》者もあとを絶《た》ちませんでした。

このような悪世末法の時代に、日蓮大聖人は出現されました。大聖人は、建長《けんちょう》五（一二五三）年に「南無妙法蓮華経」の宗旨を打ち立てられ、この世の不幸の原因が仏の本意に背《そむ》く邪宗邪義にあることを示し、四箇の格言

（念仏無間《むけん》・禅天魔・真言亡国・律国賊《こくぞく》）をもって諸宗を破折《はしゃく》されました。その代表的著述が『立正安国論《りっしょうあんこくろん》』であり、正法を基《もとい》として国を治めるならば、真の平和な国土が現出すると説かれ、様々な苦しみの根本的な解決の道を示されたのです。

鎌倉期以後の仏教

鎌倉時代に新しく生まれた仏教宗派は、室町《むろまち》時代にかけて京都に進出して公家《くげ》に近づき、それぞれ分派を繰り返しながら全国的に教勢を拡大していきました。これにともない、その力を背景にして権力者に対抗する教団も現れました。

織田信長は、このような強大な教団の力は全国統一の障害になるとして、比叡山《ひえいざん》・高野山《こうやさん》・石山本願寺《いしやまほんがんじ》・奈良興福寺等を攻め、従わない寺院はことごとく焼き払うという挙《きょ》に出ました。

また豊臣秀吉は、大寺院に対して、ときには攻め、ときには保護しながら、その勢力の弱体化を図《はか》っています。

さらに徳川幕府は、体制維持のためにキリスト教を禁じ、寺院を行政の一環に組み入れて、寺社奉行《ぶぎょう》や寺請《てらうけ》制度などを設けました。これにより寺院は組織的に管理され、自讃毀他《じさんきた》を禁ずる法令によって布教が禁止され、個人の信教の自由は認められませんでした。

しかし、布教を本とする大聖人の正嫡《しょうちゃく》門家・富士門流の僧俗は、このような厳しい状況下にありながらも、各地で折伏《しゃくぶく》を行じました。それによって数々の法難が起こりましたが、正法《しょうぼう》広布・護持の精神はいささかも変わらず、現代まで脈々と受け継がれています。

入門シリーズ②
仏教の流伝
―インドから日本へ―
令和二年九月十二日　発　行
令和五年二月　七　日　第二刷
編集　静岡県富士宮市上条五四六番地の一
発行　株式会社　大日蓮出版

ISBN 978-4-905522-94-2